TOP TEN

LOS **DIEZ ANIMALES**
MÁS **REPUGNANTES** ?

algar

¡EMPEZAMOS!

AUNQUE SUENE EXTRAÑO, HAY ANIMALES QUE PARECEN ESTAR EN SU SALSA ENTRE CACAS Y VÓMITOS, MIENTRAS QUE OTROS NO TIENEN NINGÚN PROBLEMA EN LIMPIARSE LAS OREJAS CON LA LENGUA O EN DISPARAR BOMBAS DE MOCOS POR LA NARIZ.

Hay que recordar que, por muy repulsivos que nos puedan resultar muchos de estos comportamientos, son necesarios para la supervivencia del animal. ¿Cuál es en realidad el más «repugnante»? ¡Son muchos los que se disputan el título!

**¡ADELANTE: NO TEMAS
Y LEE NUESTRA CLASIFICACIÓN!**

RASGO
REPUGNANTE

CURIOSIDAD

Busca estos símbolos para descubrir **CURIOSIDADES** sorprendentes y **RASGOS REPUGNANTES** que hacen que estos **DIEZ ANIMALES** ¡sean dignos de nuestro **Top Ten**!

¡EL NIVEL DE REPUGNANCIA IRÁ CRECIENDO DE LA POSICIÓN **10** AL TERRIBLE NÚMERO **1**!

Al final de esta página tienes el nombre de los **DIEZ ANIMALES** del *ranking*: intenta adivinar su posición y escribe cada nombre al lado del número que crees que le corresponde. **¡LEYENDO EL LIBRO DESCUBRIRÁS CUÁNTOS HAS ADIVINADO!**

1 _

2 _

3 _

4 _

5 _

6 _

7 _

8 _

9 _

10 _

- **FULMAR BOREAL**
- **MOFETA RAYADA**
- **BUITRE PAVO**

- **JIRAFA**
- **IGUANA MARINA**
- **LAGARTIJA CORNUDA TEXANA**

- **VIUDA NEGRA**
- **KOALA**
- **LLAMA**
- **ESTRELLA DE MAR**

10 JIRAFA

NOMBRE CIENTÍFICO:
Giraffa camelopardalis

¡A que tú no llegas a tocarte la nariz con la lengua!

ALTURA: 5,7 metros

Además del cuello y de las patas, las jirafas tienen la **LENGUA** muy larga. Puede llegar a medirles 45 centímetros y es perfecta para arrancar las espinosas hojas de la acacia.
Hay otra cosa que les encanta hacer con la lengua: hurgarse la **NARIZ** para limpiarse los **MOCOS**.
Y, mientras se adecentan la nariz, aprovechan para hacer lo propio con las **OREJAS** y quitarse un poco de **CERA**.

DIETA:
plantas (las hojas de acacia son su debilidad)

HÁBITAT:
sabanas africanas

RASGO REPUGNANTE
Se limpian la nariz y las orejas con la lengua.

CURIOSIDAD
La jirafa es el animal más alto del mundo.

MOFETA RAYADA

NOMBRE CIENTÍFICO:
Mephitis mephitis

LONGITUD: 80 centímetros

Este animal de elegante aspecto posee un arma secreta **PESTILENTE**: cerca del ano tiene una glándula que produce un **LÍQUIDO ACEITOSO AMARILLO** de olor nauseabundo y prolongado efecto irritante que el animal le **ROCÍA** a quien le molesta o asusta. Si ves a una mofeta levantar la cola, lo mejor es que te alejes despacio y sin hacer ruido: si estás en su línea de fuego, te costará mucho deshacerte de la **PESTE**.

DIETA:
pequeños animales, frutas y raíces

HÁBITAT:
bosques y llanuras de América del Norte y América del Sur

RASGO REPUGNANTE

Escupe y vomita
a los demás.

CURIOSIDAD

Es resistente y se mueve
con facilidad en lugares
rocosos y a gran altitud.

BABA Y SALIVA A MONTONES

La saliva es uno de los fluidos corporales más **REPUGNANTES**. Es muy útil para comer, ya que facilita la deglución de los alimentos, pero la consideramos viscosa y **PEGAJOSA** y nos desagrada tocarla.

SIN EMBARGO, EN EL REINO ANIMAL LA BABA Y LA SALIVA SE USAN MÁS DE LO QUE CREES. AQUÍ SIGUEN UNOS CUANTOS EJEMPLOS:

Regueros de baba

¿Quién no ha oído hablar de las **BABOSAS** y de los **CARACOLES**? Producen una abundante baba que les recubre todo el cuerpo. De este modo, la **VISCOSIDAD** del líquido les permite deslizarse con más facilidad por el suelo.

Hay veces en las que estos animales producen tanta baba que van dejando un reguero a su paso.

La baba protege a las babosas frente a bacterias nocivas y de la luz solar.

¡Se hace lo que se puede!

Aunque los **CANGUROS** son animales atléticos, les afecta mucho el calor de los secos entornos en los que viven. Para aliviarse, se empapan en su propia saliva: lo que hacen sobre todo es **LAMERSE** los brazos. Al evaporarse, el componente acuoso de la saliva reduce un tanto la **TEMPERATURA** corporal, con lo que se refrescan un poco.

Regurgitan la vegetación que comen, la mastican un poco más y, luego, se la tragan para acabar de digerirla.

Usan la cola como si se tratara de una quinta pata.

Con ese nombre...

Los **SALIVAZOS** son unos pequeños insectos que, mientras se encuentran en estado de **LARVA**, se refugian en una planta en torno a la que producen una sustancia **SUAVE** y **ESPUMOSA** muy parecida a un escupitajo. ¡Por eso se les llama así!

Esta espuma se forma por el paso del aire y de los excrementos líquidos por el abdomen.

El nido de saliva es, además, idóneo para conservar la temperatura óptima.

IGUANA MARINA

NOMBRE CIENTÍFICO:
Amblyrhynchus cristatus

LONGITUD: 1,2 metros

El aspecto espantoso de estos animales no es nada comparado con su repugnante costumbre de lanzar por la nariz **ESPUMARAJOS BLANCOS DE MUCOSIDADES PEGAJOSAS**. Por desgracia, esta es la única forma que tienen de eliminar la **SAL** que absorben mientras están bajo el mar.
De hecho, sobre los ojos tienen unas **GLÁNDULAS SALÍFERAS** conectadas a las fosas nasales. Cuando estas glándulas se llenan, las iguanas expelen el exceso de sal mediante un potente **ESTORNUDO**.

DIETA:
algas que las iguanas pastan bajo el mar

HÁBITAT:
las costas rocosas de las islas Galápagos, América del Sur

¡A... ATCHÚS!

RASGO REPUGNANTE
Estornudan de forma
continua un moco blanco
muy salado.

CURIOSIDAD
Pueden estar bajo el agua
hasta 30 minutos mientras
pastan algas.

FULMAR BOREAL

NOMBRE CIENTÍFICO:
Fulmarus glacialis

¡Tú sí que sabes cuidarte, hijo!

LONGITUD: 50 centímetros

¿Qué hace que esta elegante ave resulte tan repugnante? Pues muy sencillo: que se defiende con **VÓMITO**. De hecho, sabe cómo mantener a raya a los depredadores a base de lanzarles proyectiles de un **VÓMITO ACEITOSO** especialmente nauseabundo. Incluso los polluelos emplean esta estrategia de defensa: desde que tienen dos semanas, se quedan solos en el nido mientras sus progenitores van en busca de comida. Este **FLUIDO ESTOMACAL** se adhiere a la desafortunada víctima, a la que le resulta de lo más difícil deshacerse de tan horrible sustancia.

DIETA:
peces

HÁBITAT:
a lo largo de las costas del océano Atlántico Norte

RASGO REPUGNANTE
Para defenderse, lanza
un vómito aceitoso a
sus depredadores.

CURIOSIDAD
Su nombre deriva de
una antigua palabra
islandesa que significa
'gaviota fétida'.

LAGARTIJA CORNUDA TEXANA

NOMBRE CIENTÍFICO:
Phrynosoma cornutum

LONGITUD: 11 centímetros

¡Ay de quien la haga enfadar! Los **OJOS** de este pequeño reptil no solo están inyectados en sangre, sino que, además, la **LANZAN** en todas direcciones y con una sorprendente **POTENCIA**: llega a más de 1,5 metros y suele acabar en los ojos del depredador, que se queda **CIEGO** durante unos instantes. Aunque la sangre no es tóxica, el **IMPACTO** que produce le da a la lagartija tiempo para escapar.

DIETA:
insectos y otros pequeños artrópodos

HÁBITAT:
entornos áridos de América del Norte

¿Un concurso de miradas? Apuesto a que saldrás perdiendo: ¡mis ojos son imbatibles!

RASGO REPUGNANTE
Le sale sangre de los ojos.

CURIOSIDAD
Puede acumular aire en los pulmones para que se le infle el cuerpo.

SOLO PARA LOS ESTÓMAGOS MÁS FUERTES

¿Te suena rara la idea de que haya algo que se alimente de sangre? Si lo piensas bien, la sangre es una bebida que aporta mucha energía, aunque es muy difícil conseguirla.

TODOS LOS SERES QUE SE ALIMENTAN DE SANGRE HAN DE HACERLO SIN QUE LA VÍCTIMA LO NOTE. ADEMÁS, NECESITAN UNA BOCA PUNTIAGUDA O AFILADA Y SUSTANCIAS QUE HAGAN QUE LA SANGRE FLUYA MIENTRAS LA BEBEN.

Murciélago vampiro

Los pequeños **MURCIÉLAGOS VAMPIRO** viven en Sudamérica y les encanta la sangre del ganado bovino y de algunas aves. Se posan en un animal **DORMIDO**, localizan una vena bajo su piel y la muerden con sus **DIENTECILLOS AFILADOS** para beber una pequeña cantidad de sangre de la herida.

La saliva de los murciélagos vampiro contiene DRACULINA, una sustancia que impide la coagulación de la sangre de la víctima.

Si un vampiro se pasa dos noches seguidas sin comer, el hambre lo mata.

Picabueyes

En la sabana, es habitual ver a los **PICABUEYES** paseándose sobre grandes herbívoros. Estas avecillas les quitan a sus huéspedes los **PARÁSITOS** de la piel y las **LARVAS** de mosca que tengan en las heridas infectadas.

Lo cierto es que también les gusta mucho la sangre y, a veces, usan el pico para mantener abierta una herida con el fin de abastecerse de esta.

Les arrancan piel a los grandes herbívoros para forrar sus nidos.

Sanguijuela

El chupasangre más conocido es la **SANGUIJUELA**. Se adhiere a su huésped con una **VENTOSA** y le chupa la sangre hasta **INFLARSE** como un globo. En otros tiempos, los médicos usaban este animal para eliminar el exceso de sangre que se acumulaba en las heridas de los pacientes.

Puede llegar a multiplicar hasta por 10 su peso inicial a base de chupar sangre.

Tiene 10 ojos, 6 corazones, 32 cerebros y, para almacenar la sangre, 10 buches.

BUITRE PAVO

NOMBRE CIENTÍFICO:
Cathartes aura

ALTURA:
80 centímetros

Para este pájaro, **HACERSE CACA ENCIMA** no es motivo de vergüenza, ¡sino una solución muy útil! Gracias a la enorme cantidad de **ÁCIDO** que contienen sus heces, al mancharse las patas con sus propios excrementos, el buitre en realidad las **DESINFECTA**.
Esto tiene su importancia, porque, como se alimenta de cadáveres, se le pegan al cuerpo una enorme cantidad de **BACTERIAS** que solo puede eliminar de esta manera.

DIETA:
sobre todo cadáveres de animales

HÁBITAT:
en todos los entornos de América del Norte y América del Sur

Vaya tufo...

RASGO REPUGNANTE
Defeca en sus propias patas y, si se siente amenazado, vomita sobre quien le molesta.

CURIOSIDAD
Vuela bajo para oler los gases que los cadáveres generan durante la descomposición.

¿TIENES QUE HACER PIS?

El **PIS** es un material de desecho que eliminamos rápidamente en forma de un líquido de... **OLOR PENETRANTE**.

¡Un gusto conocerte, delfín!

Al vivir bajo el agua, los delfines han perdido el sentido del **OLFATO**. Por ello, cuando quieren reconocerse unos a otros (incluso sin ver ni oír), **SABOREAN LA ORINA** de los demás.

 Al saborear el pis, los delfines pueden entender si el animal que tienen delante es amigo o enemigo.

 Cada uno comunica su identidad mediante un sonido concreto, de forma parecida a lo que hacemos cuando decimos nuestro nombre.

¡Cada cual a su manera!

Te sorprenderá saber que hay animales que no hacen **PIS** de la forma que a nosotros nos parece normal. La **TORTUGA CHINA DE CAPARAZÓN BLANDO**, por ejemplo, orina por la **BOCA**. Cuando a esta tortuga le entra un apretón mientras está en tierra, se va al charco que tiene más a mano, mete la cabeza y... lo hace ahí mismo.

En cualquier caso, en cuanto acaba de hacer pis, ¡nunca se le olvida lavarse la boca!

Su caparazón es blando pero muy resistente.

Poco propio de un rey

Los leones vagan por la sabana **ORINÁNDOSE** en árboles, arbustos y rocas. La idea es dejar un mensaje bien claro para los demás leones que perciban la **PESTE**: «Se prohíbe a los extraños entrar en esta zona, ya que **PERTENECE** a quien ha orinado aquí».

La costumbre de cubrirlo todo con el olor del pis es bastante frecuente entre los animales.

El chorro de orina puede alcanzar distancias de más de 3 metros.

ESTRELLA DE MAR

NOMBRE CIENTÍFICO:
Clase Asteroidea

Hola, chicos. ¿Y si salimos a comer?

ANCHURA: 20 centímetros

A muchas especies de estrellas de mar no les supone ningún problema tener la **BOCA DEMASIADO PEQUEÑA** como para comerse presas grandes. Este equinodermo deja que el **ESTÓMAGO** se le salga del cuerpo y, con él, envuelve al animal que quiere comerse. Cuando eso sucede, el órgano segrega unos **ÁCIDOS DIGESTIVOS** que comienzan a **DISOLVER** a la víctima. Una vez que la víctima queda reducida a una masa blanda e informe, la estrella de mar recupera el estómago para completar la **DIGESTIÓN**.

DIETA:
otros equinodermos (erizos, pepinos de mar) y moluscos

HÁBITAT:
lechos rocosos de mares y océanos de todo el mundo

¡Vale, se lo comento a mi estómago!

RASGO REPUGNANTE
Expulsa el estómago para digerir a sus presas.

CURIOSIDAD
Para reproducirse, en verano se le parte el cuerpo en dos y en cada mitad le crecen los brazos que le faltan.

EL ESTÓMAGO Y SUS JUGOS

El estómago produce unos jugos gástricos que, al recubrir los alimentos ingeridos, permiten la digestión y la absorción de nutrientes.

LOS ANIMALES SUELEN RECURRIR A LOS VÓMITOS Y AL REFLUJO GÁSTRICO POR MUY DIVERSOS MOTIVOS.

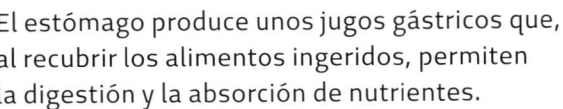

Comida casera para bebés

La **LECHE DE PALOMA** es un líquido que no se produce en el estómago del animal, sino en el interior del **BUCHE**. Se genera cuando de la pared de este se desprenden células, las cuales están repletas de grasas y proteínas y conforman un líquido muy energético, una especie de producto **HOMOGENIZADO** que preparan los progenitores para alimentar a los pequeños en cuanto salen del huevo.

Los padres regurgitan la leche en la boca del polluelo.

También los flamencos y los pingüinos emperador producen «leche de buche».

¡Sopa de vómito!

Como no tiene dientes, la mosca doméstica vomita su **JUGO GÁSTRICO** directamente sobre la comida que quiere ingerir. Luego, en cuanto el alimento se ablanda, lo succiona con la **PROBÓSCIDE**. El alimento que ingiere, por lo tanto, ya está digerido. Además, lo expulsa en forma de **HECES** en muy poco tiempo, a menudo mientras aún está comiendo.

Pisotea la comida varias veces porque la saborea con las patas.

La mosca media no vive más de un mes.

De un bocado

Las **AVES RAPACES NOCTURNAS**, como el búho real, se tragan a sus presas enteras, por lo que deben deshacerse de las partes difíciles de digerir, como huesos, pelo y plumas. Para ello, generan una bola con estos trozos en el estómago y se preparan para vomitarla. De este modo, bajo los nidos acumulan unas bolas de vómito seco que los científicos denominan **PLUMADAS**.

Las aves rapaces producen plumadas cada 12 horas.

Los zoólogos estudian las plumadas para saber qué animales pequeños viven en la zona.

2

VIUDA NEGRA

NOMBRE CIENTÍFICO:
Latrodectus mactans

ANCHURA: 13 milímetros

Para empezar, el método de caza de la viuda negra es aterrador y bastante **REPUGNANTE**: tras envolver por completo a la presa en los resistentes hilos de su **TELARAÑA**, le clava sus **AFILADOS COLMILLOS**. Una vez que la presa se queda indefensa por completo, le inyecta un **VENENO** y espera a que las sustancias químicas le disuelvan los órganos internos. Entonces, **SUCCIONA** a la víctima como si de un **BATIDO** se tratara.

DIETA:
otros artrópodos; las hembras suelen comerse a los machos

HÁBITAT:
entornos áridos de Norteamérica

RASGO REPUGNANTE
Derrite a sus presas
para succionarlas.

CURIOSIDAD
Su nombre proviene de la costumbre
que tienen las hembras de
devorar a los machos.

1

KOALA

NOMBRE CIENTÍFICO:
Phascolarctos cinereus

Esto no te lo esperabas, ¿verdad?

ANCHURA: 85 centímetros

No te dejes engañar por las apariencias. Este animal, uno de los más adorables del mundo, hace algo de lo más **REPUGNANTE**: durante meses, la madre **ALIMENTA A SUS CACHORROS CON SU PROPIA CACA**.

Aunque puede parecer algo nauseabundo, en realidad es una idea muy útil. De adultos, se alimentarán solo de hojas de eucalipto, que son muy **TÓXICAS**. Al comer la caca de su madre, los intestinos se les llenan de las **BACTERIAS** que necesitarán para digerir las hojas.

DIETA:
hojas de eucalipto, montones de hojas de eucalipto

HÁBITAT:
bosques de eucaliptos de Australia

¿Qué hay de comida, mamá? ¿Otra vez caca?

RASGO REPUGNANTE
Los cachorros se alimentan de la caca de su madre.

CURIOSIDAD
Los koalas son marsupiales.

CACAS...

Aunque es la forma que tiene nuestro cuerpo de deshacerse de los residuos, la caca es un valioso recurso en muchos sentidos.

¡VARIOS ANIMALES YA HAN COMPRENDIDO EL SORPRENDENTE POTENCIAL QUE TIENE! HE AQUÍ TRES EJEMPLOS.

Todos los animales hacen caca: la mayoría tardan menos de 20 segundos; algunos solo necesitan 5.

¡Larga vida a la caca!

El **HIPOPÓTAMO** se enorgullece de su caca y le gusta exhibirla: la esparce por todas partes al mover rápidamente la cola mientras la echa. Los hipopótamos incluso compiten entre sí para ver cuál hace llegar más lejos esta **LLUVIA DE ESTIÉRCOL**. Es la forma que tienen de **MARCAR EL TERRITORIO** y expresar autoridad.

Para mostrarles respeto a los adultos, los jóvenes les lanzan caca a la cara.

Esparcen la caca tanto para marcar el territorio como para expresar autoridad.

«Yo creía que eso ya me lo había comido»

Los **CONEJOS** saben que su caca aún contiene **NUTRIENTES** y por eso se la vuelven a **COMER**. Las clásicas **BOLAS** pequeñas, secas y oscuras que estamos acostumbrados a ver tiradas por el suelo solo salen tras la **SEGUNDA DIGESTIÓN**.

A los conejos nunca les paran de crecer los dientes, que se les desgastan al masticar.

Por la noche, los conejos depositan un blando y pegajoso excremento que se comen en el acto.

Cubos de caca

Las cacas pueden tener forma **CÚBICA**. Así son las del **WÓMBAT**, que es un grácil marsupial australiano. Esto se debe a que digiere muy despacio y a la forma de la última sección de su **INTESTINO**, que compacta los excrementos. ¿Y qué hacen los wómbats con su caca?

Los wómbats la apilan a modo de LADRILLOS a la entrada de su madriguera para estrechar la abertura.

Los wómbats producen entre 80 y 100 cubos de caca cada noche.

... ¡Y PEDOS!

Hogar, dulce hogar

Puede que su nido esté hecho de caca, ¡pero la **REINITA HORNEA** está orgullosa de ello! Para construirlo, la hembra mezcla tierra, paja y **EXCREMENTOS**, y le da forma de cúpula al conjunto. Después, deja que todo se seque al sol antes de poner los huevos dentro. Para cuando nacen los polluelos, el **HEDOR** ya ha desaparecido.

¡La comida está servida!

La fermentación del estiércol hace que estos nidos tengan la temperatura perfecta para que los huevos se desarrollen.

Para el **ESCARABAJO PELOTERO**, ¡la caca es muy importante! De hecho, además de que le encanta comer **ESTIÉRCOL**, lo usa para alimentar a sus crías e incluso les construye un **NIDO** con este material. Para ello, recoge un poco de caca con las patas para formar una **BOLA** en la que desova la hembra. Así, cuando nazca, la **LARVA** ¡tendrá algo que comer!

Animales de pastoreo apestosos

En el aparato digestivo de los **ANIMALES DE PASTOREO**, como el **BISONTE**, viven numerosas **BACTERIAS**. Cuando estas **FERMENTAN**, se produce una gran cantidad de **GASES INTESTINALES**, los cuales salen en forma de **ERUCTOS Y FLATULENCIAS** de un olor absolutamente repugnante debido al **METANO** que contienen. Por muy increíble que parezca, estos gases de desecho contribuyen al fenómeno del **CALENTAMIENTO GLOBAL** de nuestro planeta.

Cada animal de pastoreo libera al aire entre 160 y 320 litros de gas al día.

Señales misteriosas

Vivir en grupo implica estar en contacto unos con otros. Los **ARENQUES**, que nadan en **BANCOS** formados por miles de individuos, han encontrado la forma de hacerlo incluso de noche, cuando la oscuridad les impide verse. Emiten un **FLUJO DE BURBUJAS Y SONIDOS** por el ano. De esta forma, pueden comunicarse entre sí sin que otros peces entiendan esas **SEÑALES MISTERIOSAS**.

Durante el día, los arenques nadan en aguas profundas, mientras que por la noche se acercan a la superficie.

PREGUNTAS REPUGNANTES

INTENTA RESPONDER A ESTAS PREGUNTAS. NO TE PREOCUPES SI TE EQUIVOCAS: ¡TIENES LAS RESPUESTAS EN LA PÁGINA SIGUIENTE!

1- ¿QUÉ PARTE DEL CUERPO USAN LAS JIRAFAS MACHO PARA PELEAR ENTRE ELLAS?

A. El cuello.
B. La cola.
C. Las patas.

2- ¿QUÉ SE LES DA MUY BIEN A LAS MOFETAS?

A. Trepar.
B. Nadar.
C. Cavar.

3- ¿QUÉ PRODUCTO DE LA LLAMA LLEVA 6 000 AÑOS EMPLEÁNDOSE?

A. La leche.
B. La piel.
C. La lana.

4- ¿POR QUÉ SE CARACTERIZA LA COLA DE LA IGUANA MARINA?

A. Por ser plana.
B. Por ser muy flexible.
C. Por estar blindada.

5- ¿CON QUÉ ENRIQUECEN LOS FULMARES SU DIETA DE PECES Y MOLUSCOS?

A. Con algas.

B. Con cetáceos muertos.

C. Con insectos.

6- ¿QUÉ OTRO SISTEMA DE DEFENSA TIENE LA LAGARTIJA CORNUDA TEXANA?

A. Rapidez.

B. Sabor amargo.

C. Espinas.

7- ¿QUÉ SENTIDOS TIENE MÁS DESARROLLADOS EL BUITRE PAVO?

A. La vista y el olfato.

B. El olfato y el oído.

C. El oído y la vista.

8- ADEMÁS DE PARA DESPLAZARSE, ¿PARA QUÉ USAN LOS BRAZOS LAS ESTRELLAS DE MAR?

A. Para abrir conchas y caparazones de sus presas.

B. Para cavar madrigueras.

C. Para proteger a sus crías.

9- ¿DÓNDE DESOVAN LAS VIUDAS NEGRAS?

A. Bajo una hoja.

B. En una grieta.

C. En un saco.

10- ¿QUÉ CARACTERIZA A LOS KOALAS?

A. Que se lavan a menudo.

B. Que duermen mucho.

C. Que no bostezan nunca.

RESPUESTAS REPUGNANTES

1-A
Las jirafas macho usan sus largos cuellos para medir sus fuerzas entre ellas. Las peleas acaban cuando uno de los dos machos se rinde y se marcha.

2-C
Las mofetas tienen fuertes patas y uñas largas, por lo que se les da muy bien cavar. Excavan agujeros para buscar larvas y lombrices.

3-C
La lana de la llama lleva usándose en los Andes peruanos para fabricar tejidos desde hace 6000 años. Es un material ligero, cálido e impermeable.

4-A
La cola de la iguana marina es plana, lo que le resulta muy útil para nadar.

5-B Los fulmares sienten atracción por las ballenas muertas, varadas o flotantes de las que se alimentan, por lo que también desempeñan la importante función de carroñeros.

6-C La lagartija cornuda texana tiene el cuerpo cubierto de duras espinas, lo que la convierte en un alimento indigesto.

7-A Los buitres pueden detectar un cadáver tanto si lo ven desde grandes alturas como si, ya en tierra, lo huelen.

8-A Las estrellas de mar usan sus potentes brazos para abrir las conchas de moluscos, como almejas y mejillones, y, acto seguido, introducir el estómago e iniciar la digestión.

9-C Las viudas negras preparan un pequeño saco de menos de 1 centímetro de diámetro y que puede contener de 200 a 250 huevos.

10-B Los koalas no tienen mucha energía y se pasan buena parte del tiempo durmiendo. Pueden dormitar en las ramas hasta 18 horas al día.

CRISTINA BANFI

Licenciada en Ciencias Naturales por la Universidad de Milán, ha enseñado en varias instituciones escolares. Hace más de 20 años que trabaja en comunicación científica y ludodidáctica, y ha escrito varios libros, tanto didácticos como divulgativos, especialmente para el público infantil y juvenil. En los últimos años, ha publicado varios títulos para White Star.

REFERENCIAS FOTOGRÁFICAS

Título original: *Top Ten: The Grossest Animals*
© White Star s.r.l., 2024
  Piazzale Luigi Cadorna, 6
  20123 Milán, Italia
  www.whitestar.it
  WS White Star Kids® es una marca registrada propiedad de White Star s.r.l.
© Traducción: Antonio Díaz Pérez, 2024
© Algar Editorial
  Apartado de correos 225 - 46600 Alzira
  www.algareditorial.com
Impreso en la RPC

1.ª edición: mayo, 2025
ISBN: 978-84-9142-773-5
DL: V-3647-2024